DISCOURS

PRONONCÉ PAR

MONSEIGNEUR L'ÉVÊQUE D'AIRE

POUR LE MARIAGE

DE

M. LE BARON VITAL DE ROCHETAILLÉE

AVEC

Mlle MARGUERITE DE DAMPIERRE

CÉLÉBRÉ DANS L'ÉGLISE PAROISSIALE DU VIGNAU

LE 23 MAI 1871

Monsieur, Mademoiselle,

Il n'appartient qu'à la religion d'unir les cœurs par des liens durables et de faire goûter à ses enfants, dans une sainte union, ce qui approche le plus ici-bas de ce qu'on appelle bonheur.

Le premier don que Dieu fit à l'homme, quand il l'aimait encore de tout son amour, ce fut la femme, comme si l'Eden, avec ses beautés, avait eu besoin de ce surcroît de charmes. L'homme alors était le seigneur et la femme l'ange du paradis terrestre.

Lorsque l'homme, devenu pécheur, fut chassé du jardin de délices, Dieu, touché d'une tendre pitié, voulut que quelque chose lui rappelât toujours sa première demeure. Il lui laissa la femme, afin que l'homme, en la regardant, se souvînt du paradis; il laissa le mariage aux deux exilés et à leur race, comme la fleur la moins terne encore de leur triste vallée, et les époux qui la traversent, appuyés l'un sur l'autre, puisent dans le parfum de cette fleur force et courage pour supporter jusqu'au bout les fatigues de l'âpre sentier.

Quand Jésus-Christ est venu ensuite, il a élevé le mariage à la dignité de sacrement. En l'empourprant de son sang, il a transformé une chaîne toujours un peu lourde en un joug doux et léger. Il en a fait une union admirable sous tous les rapports. Union intime : ils sont deux, mais, par la vertu de la grâce, ils ne font plus qu'un cœur et qu'une âme. Union ineffable : le mariage des chrétiens est le symbole de l'alliance de Jésus-Christ avec son Eglise : il est pur comme cette alliance, il est indissoluble comme elle.

Ce ravissant tableau du mariage chrétien, vous le contemplez dans vos familles respectives. Rappelez-vous les exemples domestiques qui ont frappé vos regards dès le berceau. Tous les deux, vous avez joui constamment du spectacle de toutes les vertus. Quand un jour vous serez tête à tête dans votre ménage ces précieux souvenirs vous reviendront. Ils vous inspireront ce respect mutuel, cette fidélité à vos devoirs que possèdent seuls à l'état parfait les époux qui convient, comme vous le faites, Jésus et Marie à leurs noces.

Vous placerez en tête de ces devoirs votre attachement à la religion, votre docilité à ses préceptes. Ce n'est pas vous, enfants des saints, qui pourriez jamais oublier le Dieu que vos pères, autant que vos mères, vous ont appris à craindre et à aimer dès l'aurore de votre vie. Vous regarderez toujours la religion comme la grande modératrice de votre existence, vous souvenant qu'elle seule peut rendre vos affections constantes en les rendant saintes, qu'elle seule peut ouvrir dans vos cœurs cette source d'amour pur comme le firmament, que ni le temps ni l'éternité même n'épuiseront jamais.

Après ce soin de plaire à Dieu, votre obligation principale dans le mariage sera de vivre l'un pour l'autre et de concourir à votre bonheur réciproque.

Vous, Monsieur, fidèle au précepte de l'Apôtre, *vous aimerez votre épouse comme une portion de vous-même* (Eph. v, 25), comme la compagne que Dieu vous a choisie pour vous aider à porter le fardeau parfois bien pesant de l'existence. Et combien ce devoir vous sera doux et facile à vous, jeune homme, dont le cœur n'avait éprouvé jusqu'ici que l'amour d'un père, d'une mère, d'un frère et de sœurs qui ont fait le contentement de votre vie et qui vous entourent encore ici de leur tendresse !

Je me trompe : un autre sentiment a fait battre votre cœur. Quand la révolution s'est approchée de Rome pour en saper les murailles, quand vous avez vu l'indépendance de l'Église menacée dans la personne de celui qui en est la pierre angulaire, vous avez volé à la défense de la cause la plus sainte qui puisse armer le bras d'un guerrier chrétien.

Huit mois de ma vie viennent de se passer dans l'éternité de Rome, et, dans l'intervalle de leurs assises, les pères du concile en étudiaient les annales. Or, j'ai trouvé votre nom inscrit dans le registre de ses braves défenseurs. Il reste là gravé dans le cœur de vos camarades sur un glorieux champ de bataille, jusque dans l'âme même de Pie IX ; et cette croix pontificale et cette médaille de Mentana, dont vous mêlez l'éclat aux splendeurs de cette fête, nous disent assez que vous les regardez comme les insignes de votre gloire la plus pure. Vous les portez sur votre intrépide poitrine, à travers cette génération où l'esprit révolutionnaire fait tant de contempteurs de la papauté. Malheur à celui qui en rirait quand vous passez, ou qui se vanterait de vous les ravir ! A l'instant il vous verrait vous approcher de lui, et il entendrait cette réponse, tout aussi fière et incomparablement plus sublime que celle qui retentit aux Thermopyles : « Viens les prendre. »

Mais il est dans votre existence un mystère que je ne puis m'expliquer qu'en scrutant les plus hauts desseins de Dieu. Jeune homme, couronné de gloire, *aimable et beau dans la vie* (II Reg., 1, 23), vous avez hanté les châteaux de France, les palais de Rome, où le monde rassemble ce qu'il appelle ses beautés. Or, comment se fait-il que votre cœur ait résisté aux impulsions de la jeunesse et de la raison qui, en fait d'établissement, vous disaient : « Décidément il faut en finir ? » Est-ce que vous portiez déjà dans l'âme une vision d'ange qui vous suivait partout, l'image de celle que Dieu vous réservait pour être l'enchantement de tous vos jours ?

Et vous, Mademoiselle, est-ce qu'il n'y a pas quelque chose de semblable dans votre destinée ? Pourquoi cette insouciance de votre avenir, cette confiance en Dieu et dans votre mère sur ce que vous deviez devenir un jour ? Pourquoi vos parents, à toutes les aspirations fort acceptables qui se révélaient à votre égard, répondaient-ils toujours en regardant le ciel : « Attendons ? »

Jeunes gens, que la foi éclaire et qui savez lire à sa lumière dans le livre de l'avenir, ne voyez-vous pas que votre mariage était depuis longtemps écrit dans le ciel ? Vous vous êtes rencontrés dans le chemin de la vie et vos anges gardiens vous ont révélé le mystère caché dans les secrets de Dieu, et vos âmes ont ressenti de mutuelles sympathies, et moi, l'interprète des volontés du Très-Haut, je vous dis de sa part qu'il vous destinait l'un pour l'autre comme la juste récompense de vos vertus et de vos mérites.

Après que le ciel vous eut montré votre alliance arrêtée dans ses décrets, l'amour, comme dit saint Jean, chassa toute crainte ; des promesses entre vos âmes et vos parents furent échangées ; le jour même de la fête nuptiale était convenu, et vos cœurs jouissaient de ce que le bonheur de cette terre a de plus suave, la réalisation prochaine d'une douce espérance. Mais tout à coup la grande voix de la guerre retentit dans toute la France. Au château comme à la chaumière, on n'entend que ce cri lamentable : « La patrie est en danger ! »

Digne rejeton des preux dont le Furens enveloppait

l'antique manoir de ses replis, vous avez laissé là les guirlandes de l'hymen à demi tressées et vous vous êtes dit : « Il faut aller guerroyer pour l'honneur de mon Dieu, de ma patrie, de ma dame. » Et cette dame avait aussi assez de magnanimité pour vous répéter ce que les plus nobles Françaises ont toujours dit en pareille crise : « Allez, beau chevalier, ma foi promise vous suivra partout, et la fête différée reviendra avec tout ce que l'absence, les craintes, les périls, une longue attente auront ajouté en fleurons de plus aux couronnes des fiancés. »

Soldat chrétien, vous êtes donc parti pour une guerre que l'histoire appellera le mystère du Dieu des armées. A votre retour des grands combats, vous aviez à peine secoué la poussière des champs de bataille qu'il vous fallut reprendre votre armure pour dompter un monstre plus vorace encore que l'aigle noir de la Germanie.

La révolution triomphait dans une ville pleine de vos souvenirs d'enfance, et, comme *la femme impure de l'Apocalypse, elle communiquait à vos frères l'ivresse de sang dont elle était prise* XVII, 6 . Vous avez le premier marché contre elle, et puis, vous tournant vers les pauvres égarés dont elle avait fait ses furies, vous leur avez fait entendre une voix ferme mais amie,

De cette main virile qui va presser la tendre main d'une épouse, vous avez mis en lambeaux le sanglant étendard de la révolte, et la ville que saint Etienne ombrage de sa palme de martyr fut ainsi sauvée. Et l'étoile de l'honneur brille enfin sur cette poitrine qui, en bravant mille épées nues, a été le rempart de son pays et a si bien mérité de la patrie.

Enfin les voilà réunis, les fiancés fidèles. Oh! s'il était permis de se demander ce qui s'est passé dans ces deux cœurs durant une longue séparation ; ce que le guerrier se disait, à la tête de ses soldats, quand, aux heures surtout de périls et de tristesse, il pensait à Dieu et à *elle ;* ce que l'ange de piété et de prière disait à sa madone, quand, la nuit, elle entendait le vent d'hiver mugir dans le bois voisin, quand elle regardait seulement le gage d'amour que sa mère lui avait permis de porter au doigt !

C'est que cette mère aimait déjà le fiancé de sa fille à l'égal de ses autres enfants, et qu'elle ne pouvait songer à lui sans songer à un autre fils, qui subissait les rigueurs de l'exil pour n'avoir pas voulu flétrir son honneur d'officier français, et dont la présence eût ajouté un surcroît de joie à cette fête de famille.

C'est la Vierge tant priée par les mères, par les

sœurs et aussi par les fiancées, qui nous a ramené tous ces braves guerriers.

Le ciel exauce une longue attente, et l'autel, où Jésus-Christ bénit les époux, étincelle de feux et de fleurs.

Cette fête rappelle celle qui célébra la venue au château d'une jeune épouse qu'entourent déjà deux têtes blondes, et qui reste ici pour adoucir la rigueur de l'arrêt prononcé dès le premier mariage du monde, que « les époux quitteront père et mère pour s'attacher l'un à l'autre. »

Enfants de Dieu, cette loi divine vous avertit que votre bonheur principal repose désormais l'un sur l'autre.

Vous, Monsieur, vous comprendrez ce grand mystère de félicités et aussi de devoirs que le mariage chrétien renferme et révèle. C'est une enfant de Marie, qui se donne tout entière à vous, avec ce qu'elle a de plus cher, sa main, son cœur, son innocence, son double avenir de la terre et des cieux. Ecoutez l'Immaculée, Dieu lui-même, qui vous disent par ma bouche : *Depositum custodi* (I Tim. VI, 20).

Gardez bien ce dépôt, et vous comblerez les vœux de la religion, de l'Église, de cette famille qui vous confie en toute assurance son plus riche trésor, parce qu'elle a reconnu en vous les vertus d'une âme chrétienne, les sentiments d'un noble cœur.

Vous aussi, Mademoiselle, vous remplirez la mission que le ciel vous impose, de répandre la félicité sur toute l'existence de votre époux. Vous adoucirez les gouttes amères qui tombent dans la coupe de toute vie humaine, par ces soins consolateurs qui puisent une vertu céleste dans les grâces de votre sexe. Car enfin je vous tromperais, je trahirais mon ministère si j'osais vous promettre que vous ne verrez jamais se lever sur vos têtes que des soleils sans nuages comme celui qui prête son flambeau à votre hyménée.

Non, il n'est pour personne sur la terre de félicité sans mélange. Ce n'est pas même dans la prospérité qu'une compagne est le plus nécessaire à l'homme; car il trouvera toujours assez quelqu'un qui consente à entrer de moitié dans son bonheur. Mais, quand il survient quelqu'une de ces épreuves qui sont comme le triste apanage de notre humanité, c'est alors surtout qu'une femme, telle que l'Évangile peut seul en faire, est pour l'homme ce précieux trésor dont parle le Sage. La placidité de son regard apaise la tempête; sa douce main relève le front que la tristesse incline;

sa voix d'ange ramène les pensées consolantes, et les vertus de son âme font de nouveau croire au bonheur, à l'espérance, au ciel. Car il n'est point de cœur d'où l'amour tombe de plus haut et à flots plus pressés que du cœur de la femme vraiment chrétienne ; la tendresse n'a point de source plus profonde, le dévouement point d'abandon plus sublime, le sacrifice point d'actes plus complets que chez elle.

Voilà ce que vous êtes, Mademoiselle ; ce que vous serez toujours, non-seulement par les qualités naturelles de votre cœur, mais surtout par la piété foncière et persévérante de votre âme : épouse soumise, dévouée, sincère, vous serez sublime dans l'accomplissement de tous vos devoirs par l'esprit de religion qui vous anime ; car la religion élève le cœur de ses filles, elle le dilate et l'enrichit autant que le monde, qui vous est inconnu, le rabaisse, le rapetisse et l'appauvrit.

Et maintenant que la religion vous a révélé le secret du bonheur conjugal, en vous rappelant que le mariage est un sacrifice supporté à frais communs et aussi long que la vie, elle va recevoir vos serments en présence des anges qui vous entourent, de Jésus et de Marie, que vous avez tant de fois, pieuse enfant, priés dans cette enceinte, sous les regards attendris de vos parents, de vos amis, qui racontent tout bas à Dieu les souhaits qu'ils forment pour vous.

Après ce jour de fête, qui passera comme les autres jours, vous vous en irez, fidèle compagne, la main dans une autre, sous un autre ciel que celui qui vous sert maintenant de voile nuptial. Il vous faudra quitter ces lieux aimés que vous édifiiez, le monde dirait que vous embellissiez de votre présence. Ces bonnes gens du village ne diront plus, en voyant passer leur châtelaine : « Qu'elle est bonne ! » Les enfants des sœurs ne vous rencontreront plus à leur école ; les échos de cette voûte ne rediront plus vos ravissants cantiques ; un solitaire ne vous verra plus dans son ermitage, dérobant une bénédiction à sa main qui en était pour vous toujours pleine. Oh! gardons-nous de mentionner ici les regrets de vos parents ! Ce serait mêler à nos joies religieuses des larmes que je vois déjà sur le bord de leurs paupières.

Mais ce qui doit vous consoler, c'est que vous vous acheminez vers un pays où, comme ici, vous enchanterez un père et une mère par votre affection filiale.

Cette région lointaine n'est pas pour vous une terre étrangère. C'est de là qu'est venue une des gracieuses tiges dont vous êtes la fleur. Une fois dans ma vie je l'ai traversé, ce beau Forez. De la station de Chambon-Feugerolles, j'aperçois encore ce château brun, accroché au flanc de la montagne qui domine la vallée qu'arrose l'Ondaine. Je sus, même en passant, que c'était le berceau d'une famille dont le nom me fut appris, dans ce temple même, par un prince de l'Église, huit jours après avoir transplanté ma tente de pasteur sur les bords de l'Adour.

La demeure qui vous attend sera déjà pleine de grands souvenirs. Vous en ferez, l'un pour l'autre, un nid de paix et d'amour; vous y perpétuerez ces traditions de foi et d'honneur, qui sont héréditaires dans vos deux familles; vous vous montrerez toujours attachés à ce respect des aïeux qui est une seconde religion pour les âmes bien nées; et quand vos parents, vos amis iront visiter votre heureux ménage, vos bras et vos cœurs seront ouverts pour les recevoir.

Si quelquefois, au déclin du jour, vous apercevez un pèlerin de Rome ou de Notre-Dame du Puy-en-Velay s'avancer en toute hâte dans votre avenue, comme pressé de vous revoir, puisse un bienveillant souvenir vous faire dire l'un à l'autre avec émotion : « C'est lui, lui, l'ami du Vignau, qui en partage les joies et les peines, lui qui a béni notre alliance et qui, jusqu'au pied de l'autel, nous a témoigné son affection en nous demandant la nôtre. C'est l'amitié qui nous l'amène. Il vient s'assurer par lui-même que tout va bien ici pour nous; il vient renouveler les bénédictions qu'il répandit à flots sur nous au moment solennel de notre union. Il vient contempler la félicité que les époux chrétiens goûtent ici-bas, et nous parler aussi de celle qui leur est réservée dans les cieux ! »

www.ingramcontent.com/pod-product-compliance
Lightning Source LLC
Chambersburg PA
CBHW070534050426
42451CB00013B/3013